12366 热点问答

⑤

国家税务总局纳税服务司　编

中国税务出版社

图书在版编目(CIP)数据

12366 热点问答 . ⑤/国家税务总局纳税服务司编.
-- 北京:中国税务出版社,2018. 4
ISBN 978 - 7 - 5678 - 0685 - 6

Ⅰ. ①1… Ⅱ. ①国… Ⅲ. ①税收管理 - 中国 - 问题解答
Ⅳ. ①F812. 423 - 44

中国版本图书馆 CIP 数据核字(2018)第 079945 号

书　　名: **12366 热点问答⑤**
作　　者: 国家税务总局纳税服务司　编
责任编辑: 庞　博
责任校对: 于　玲
封面设计: 四爪设计 four feet design
技术设计: 刘冬珂
出版发行: 中国税务出版社
北京市丰台区广安路 9 号国投财富广场 1 号楼 11 层
邮政编码:100055
http://www. taxation. cn
E-mail:swcb@ taxation. cn
发行中心电话:(010)83362083/86/89
传真:(010)83362046/47/48/49
经　　销: 各地新华书店
印　　刷: 北京天宇星印刷厂
规　　格: 880 × 1230 毫米　1/32
印　　张: 2. 5
字　　数: 58000 字
版　　次: 2018 年 4 月第 1 版　2018 年 4 月第 1 次印刷
书　　号: ISBN 978 - 7 - 5678 - 0685 - 6
定　　价: 8. 00 元

前　言

12366纳税服务热线自2001年正式成为全国税务系统统一的特服电话以来，作为税务部门服务纳税人的重要渠道，在帮助纳税人正确理解和遵从税法、表达涉税诉求等方面发挥了积极作用，得到了社会各届的普遍认可和专业机构的较高评价。为积极回应纳税人关切，进一步提高税法透明度，国家税务总局纳税服务司定期收集整理全国12366纳税服务热线等多种渠道受理的涉税咨询，挑选纳税人关注度较高，具有一定典型性、代表性的问题，经业务部门审核确认答案后汇编成《12366热点问答》系列出版物，面向社会发行。目前，《12366热点问答》系列丛书已出版4册，受到广大纳税人和税务干部的欢迎。

近年来，各项重大税制改革稳步推进，特别是全面推开营业税改征增值税试点工作不断深化，系列政策措施陆续出台，受到纳税人的广泛关注。各地纳税服务部门在服务税收中心工作的同时，积累了宝贵的纳税人咨询一手资料，纳税服务司据此整理编写了截至2017年底营业税改征增值税专题热点问答，经业务司局审核后形成《12366热点问答⑤》，供纳税人和税务干部学习参考。

国家税务总局纳税服务司

2018年4月

目　录

一、建筑业热点问题

1. 营改增后，建筑服务适用税率和征收率分别是多少？

答：适用一般计税方法的建筑项目，适用税率为11%；适用简易计税方法的建筑项目，征收率为3%。

2. 建筑项目选择适用简易计税办法，征收率是多少？是否可以开具增值税专用发票？

答：根据规定，可以选择适用简易计税方法的建筑项目，征收率为3%。同时，建筑服务购买方不是消费者个人的，可以开具增值税专用发票。

3. 建筑工程老项目是否有过渡措施？

答：根据《财政部 国家税务总局关于全面推开营业税改征增值税试点的通知》（财税〔2016〕36号）附件2《营业税改征增值税试点有关事项的规定》以及《纳税人跨县（市、区）提供建筑服务增值税征收管理暂行办法》（国家税务总局公告2016年第17号）规定，一般纳税人为建筑工程老项目提供的建筑服务，可以选择适用简易计税方法计税。建筑工程老项目，是指：

（1）《建筑工程施工许可证》注明的合同开工日期在 2016 年 4 月 30 日前的建筑工程项目；未注明合同开工日期，但建筑工程承包合同注明的开工日期在 2016 年 4 月 30 日前的建筑工程项目；

（2）未取得《建筑工程施工许可证》的，建筑工程承包合同注明的开工日期在 2016 年 4 月 30 日前的建筑工程项目。

4. 建筑行业什么情况下可以选择简易计税方法？

答：（1）一般纳税人以清包工方式提供的建筑服务，可以选择适用简易计税方法计税。以清包工方式提供建筑服务，是指施工方不采购建筑工程所需的材料或只采购辅助材料，并收取人工费、管理费或者其他费用的建筑服务。

（2）一般纳税人为甲供工程提供的建筑服务，可以选择适用简易计税方法计税。甲供工程，是指全部或部分设备、材料、动力由工程发包方自行采购的建筑工程，另外，建筑工程总承包单位为房屋建筑的地基与基础、主体结构提供工程服务，建设单位自行采购全部或部分钢材、混凝土、砌体材料、预制构件的，作为一种特殊的甲供工程只能适用简易计税方法计算。

（3）一般纳税人为建筑工程老项目提供的建筑服务，可以选择适用简易计税方法计税。建筑工程老项目，是指：

①《建筑工程施工许可证》注明的合同开工日期在 2016 年 4 月 30 日前的建筑工程项目；未注明合同开工日期，但建筑工程承包合同注明的开工日期在 2016 年 4 月 30 日前的建筑工程项目；

②未取得《建筑工程施工许可证》的，建筑工程承包合同注明的开工日期在 2016 年 4 月 30 日前的建筑工程项目。

5. 建筑企业不同的项目，是否可以选择不同的计税方法？

答：建筑企业可以就不同的项目，分别选择适用一般计税方法或简易计税方法。

6. 建筑业的小规模纳税人是否可以自行开具增值税专用发票？

答：《国家税务总局关于进一步明确营改增有关征管问题的公告》（国家税务总局公告 2017 年第 11 号）规定："九、自 2017 年6 月1 日起，将建筑业纳入增值税小规模纳税人自行开具增值税专用发票试点范围。月销售额超过 3 万元（或季销售额超过 9 万元）的建筑业增值税小规模纳税人（以下称"自开发票试点纳税人"）提供建筑服务、销售货物或发生其他增值税应税行为，需要开具增值税专用发票的，通过增值税发票管理新系统自行开具。

自开发票试点纳税人销售其取得的不动产，需要开具增值税专用发票的，仍须向地税机关申请代开。"

7. 如何界定建筑业的老项目？

答：根据《财政部　国家税务总局关于全面推开营业税改征增值税试点的通知》（财税〔2016〕36 号）附件 2《营业税改征增值税试点有关事项的规定》规定，一般纳税人为建筑工程老项目提供的建筑服务，可以选择适用简易计税方法计税。建筑工程老项目，是指：

（1）《建筑工程施工许可证》注明的合同开工日期在 2016 年 4 月 30 日前的建筑工程项目；未注明合同开工日期，但建筑工程承包合同注明的开工日期在 2016 年 4 月 30 日前的建筑工程项目；

（2）未取得《建筑工程施工许可证》的，建筑工程承包合同注明的开工日期在 2016 年 4 月 30 日前的建筑工程项目。

8. 建筑企业跨县（市、区）提供建筑劳务在当地预缴税款时，需要提交哪些资料？

答：根据《国家税务总局关于营改增试点若干征管问题的公告》（国家税务总局公告 2016 年第 53 号）规定，《纳税人跨县（市、区）提供建筑服务增值税征收管理暂行办法》（国家税务总局公告 2016 年第 17 号）第七条规定调整为：

纳税人跨县（市、区）提供建筑服务，在向建筑服务发生地主管国税机关预缴税款时，需填报《增值税预缴税款表》，并出示以下资料：

（1）与发包方签订的建筑合同复印件（加盖纳税人公章）；

（2）与分包方签订的分包合同复印件（加盖纳税人公章）；

（3）从分包方取得的发票复印件（加盖纳税人公章）。

9. 小规模纳税人跨县（市、区）提供建筑服务的，是否可以在建筑劳务发生地代开普通发票？

答：根据《国家税务总局关于发布〈纳税人跨县（市、区）提供建筑服务增值税征收管理暂行办法〉的公告》（国家税务总局公告 2016 年第 17 号）规定，小规模纳税人跨县（市、区）提供建筑服务，不能自行开具增值税发票的，可向建筑服务发生地主管国税机关按照其取得的全部价款和价外费用申请代开增值税发票。

10. 2016年4月30日之前开工的建筑工程老项目，企业选择简易计税方法时是否可以开具增值税专用发票？

答：除国家税务总局另有规定外，企业选择简易计税方法时可以开具增值税专用发票。

11. 跨县（市、区）发生建筑服务预缴税款的适用征收率是多少？

答：根据《国家税务总局关于发布〈纳税人跨县（市、区）提供建筑服务增值税征收管理暂行办法〉的公告》（国家税务总局公告2016年第17号）规定，纳税人跨县（市、区）提供建筑服务，按照以下规定预缴税款：

（1）一般纳税人跨县（市、区）提供建筑服务，适用一般计税方法计税的，以取得的全部价款和价外费用扣除支付的分包款后的余额，按照2%的预征率计算应预缴税款。

（2）一般纳税人跨县（市、区）提供建筑服务，选择适用简易计税方法计税的，以取得的全部价款和价外费用扣除支付的分包款后的余额，按照3%的征收率计算应预缴税款。

（3）小规模纳税人跨县（市、区）提供建筑服务，以取得的全部价款和价外费用扣除支付的分包款后的余额，按照3%的征收率计算应预缴税款。

12. 企业提供建筑服务开具发票时，应在发票的备注栏填什么？

答：根据《国家税务总局关于全面推开营业税改征增值税试点有关税收征收管理事项的公告》（国家税务总局公告2016年

第23号）规定，提供建筑服务，纳税人自行开具或者税务机关代开增值税发票时，应在发票的备注栏注明建筑服务发生地县（市、区）名称及项目名称。

13. 建筑企业计算增值税可以扣除的分包款的支付凭证有何规定？

答：根据《国家税务总局关于发布〈纳税人跨县（市、区）提供建筑服务增值税征收管理暂行办法〉的公告》（国家税务总局公告2016年第17号）规定，纳税人按照规定从取得的全部价款和价外费用中扣除支付的分包款，应当取得符合法律、行政法规和国家税务总局规定的合法有效凭证，否则不得扣除。

上述凭证是指：

（1）从分包方取得的2016年4月30日前开具的建筑业营业税发票。

上述建筑业营业税发票在2016年6月30日前可作为预缴税款的扣除凭证。

（2）从分包方取得的2016年5月1日后开具的，备注栏注明建筑服务发生地所在县（市、区）、项目名称的增值税发票。

（3）国家税务总局规定的其他凭证。

14. 建筑业选择按简易计税方法，取得的进项税额是否可以抵扣？

答：《财政部　国家税务总局关于全面推开营业税改征增值税试点的通知》（财税〔2016〕36号）附件1《营业税改征增值税试点实施办法》第二十七条规定："下列项目的进项税额不得从销项税额中抵扣：（一）用于简易计税方法计税项目、免征增值税项目、集体福利或者个人消费的购进货物、加工修理修配劳务、服务、无形资产和不动产。其中涉及的固定资产、无形资产、不动产，仅指专用于上述项目的固定资产、无形资产（不包括其他权益性无形资产）、不动产。”因此，建筑业选择简易计税方法取得的进项税额不可以抵扣。

15. 纳税人跨县（市、区）提供建筑服务，没有按规定预缴增值税的，应由何处的税务机关进行处罚？

答：根据《国家税务总局关于发布〈纳税人跨县（市、区）提供建筑服务增值税征收管理暂行办法〉的公告》（国家税务总局公告 2016 年第 17 号）第十二条规定，纳税人跨县（市、区）提供建筑服务，应向建筑服务发生地主管国税机关预缴税款而自应当预缴之月起超过 6 个月没有预缴税款的，由机构所在地主管国税机关按照《中华人民共和国税收征收管理法》（以下简称《税收征管法》）及相关规定进行处理。

纳税人跨县（市、区）提供建筑服务，未缴纳税款的，由机构所在地主管国税机关按照《税收征管法》及相关规定进行处理。

16. 建筑业简易计税备案，应在项目所在地备案还是在机构所在地备案？

答：应在机构所在地备案。

17. 建筑业分包，适用简易计税方法，其可以差额的分包款是否可以开具增值税专用发票？

答：可以。

18. 建筑分包项目，总包方和分包方分别如何开具发票？

答：分包方就所承包项目向总包方开票，总包方按规定全额开具增值税发票。

19. 建筑工程总承包单位为房屋建筑的地基与基础、主体结构提供工程服务，建设单位自行采购全部或部分钢材、混凝土、砌体材料、预制构件的，应如何缴纳增值税？

答：根据《财政部 税务总局关于建筑服务等营改增试点政策的通知》（财税〔2017〕58 号）规定，自 2017 年 7 月 1 日起，建筑工程总承包单位为房屋建筑的地基与基础、主体结构提供工程服务，建设单位自行采购全部或部分钢材、混凝土、砌体材料、预制构件的，适用简易计税方法计税。

地基与基础、主体结构的范围，按照《建筑工程施工质量验收统一标准》（GB 50300—2013）附录 B《建筑工程的分部工程、分项工程划分》中的“地基与基础”“主体结构”分部工程的范围执行。

20. 纳税人在同一地级行政区范围内跨县（市、区）提供建筑服务，是否需要预缴增值税？

答：《国家税务总局关于进一步明确营改增有关征管问题的公告》（国家税务总局公告 2017 年第 11 号）规定：“三、纳税人在同一地级行政区范围内跨县（市、区）提供建筑服务，不适用《纳税人跨县（市、区）提供建筑服务增值税征收管理暂行办法》（国家税务总局公告 2016 年第 17 号印发）。

……

除本公告第九条和第十条以外，其他条款自2017年5月1日起施行。此前已发生未处理的事项，按照本公告规定执行。”

21. 纳税人销售活动板房、机器设备、钢结构件等自产货物同时提供建筑、安装服务是否属于混合销售？应如何缴纳增值税？

答：《国家税务总局关于进一步明确营改增有关征管问题的公告》（国家税务总局公告2017年第11号）规定：“一、纳税人销售活动板房、机器设备、钢结构件等自产货物的同时提供建筑、安装服务，不属于《营业税改征增值税试点实施办法》（财税〔2016〕36号文件印发）第四十条规定的混合销售，应分别核算货物和建筑服务的销售额，分别适用不同的税率或者征收率。

……

除本公告第九条和第十条以外，其他条款自2017年5月1日起施行。此前已发生未处理的事项，按照本公告规定执行。”

22. 纳税人提供建筑服务，被工程发包方从应支付的工程款中扣押的质押金、保证金，未开具发票的，纳税义务发生时间应如何确定？

答：《国家税务总局关于在境外提供建筑服务等有关问题的公告》（国家税务总局公告2016年第69号）规定：“四、纳税人提供建筑服务，被工程发包方从应支付的工程款中扣押的质押金、保证金，未开具发票的，以纳税人实际收到质押金、保证金的当天为纳税义务发生时间。

……

十一、本公告自发布之日起施行，此前已发生未处理的事项，按照本公告规定执行。”

23. 纳税人将建筑施工设备出租给他人使用并配备操作人员的，应当按照什么项目缴纳增值税？

答：根据《财政部　国家税务总局关于明确金融、房地产开发、教育辅助服务等增值税政策的通知》（财税〔2016〕140号）第十六条规定，纳税人将建筑施工设备出租给他人使用并配备操作人员的，按照“建筑服务”缴纳增值税。

24. 建筑企业在建筑工地自建临时仓库存放工程材料，工程结束后拆除，已申报抵扣的进项税额是否需要转出？

答：根据《财政部　国家税务总局关于全面推开营业税改征增值税试点的通知》（财税〔2016〕36号）附件1《营业税改征增值税试点实施办法》第二十七条和第二十八条规定，下列项目的进项税额不得从销项税额中抵扣：

（1）非正常损失的不动产，以及该不动产所耗用的购进货物、设计服务和建筑服务。

（2）非正常损失的不动产在建工程所耗用的购进货物、设计服务和建筑服务。

纳税人新建、改建、扩建、修缮、装饰不动产，均属于不动产在建工程。

上述所称货物，是指构成不动产实体的材料和设备，包括建筑装饰材料和给排水、采暖、卫生、通风、照明、通讯、煤气、消防、中央空调、电梯、电气、智能化楼宇设备及配套设施。

非正常损失，是指因管理不善造成货物被盗、丢失、霉烂变质，以及因违反法律法规造成货物或者不动产被依法没收、销毁、拆除的情形。

因此，建筑企业自建临时仓库存放工程材料，工程结束后拆除不属于非正常损失，已申报抵扣的进项税额不需要转出。

25. 物业服务企业为业主提供装修服务，应如何缴纳增值税？

答：根据《财政部　国家税务总局关于明确金融、房地产开发、教育辅助服务等增值税政策的通知》（财税〔2016〕140号）第十五条规定，物业服务企业为业主提供的装修服务，按照“建筑服务”缴纳增值税。

26. 增值税一般纳税人销售电梯的同时提供安装服务，其安装服务是否可以选择适用简易计税方法计税？

答：可以。根据《国家税务总局关于进一步明确营改增有关征管问题的公告》（国家税务总局公告2017年第11号）第四条规定，自2017年5月1日起，一般纳税人销售电梯的同时提供安装服务，其安装服务可以按照甲供工程选择适用简易计税方法计税。

此前已发生未处理的事项，按照此公告规定执行。

27. 对安装运行后的电梯提供维护保养服务，应按什么项目缴纳增值税？

答：根据《国家税务总局关于进一步明确营改增有关征管问题的公告》（国家税务总局公告2017年第11号）第四条规定，

自2017年5月1日起，纳税人对安装运行后的电梯提供的维护保养服务，按照“其他现代服务”缴纳增值税。

此前已发生未处理的事项，按照此公告规定执行。

28. 小规模纳税人跨县（市、区）提供建筑服务是否可以代开增值税专用发票？

答：《国家税务总局关于发布〈纳税人跨县（市、区）提供建筑服务增值税征收管理暂行办法〉的公告》（国家税务总局公告2016年第17号）第九条规定：“小规模纳税人跨县（市、区）提供建筑服务，不能自行开具增值税发票的，可向建筑服务发生地主管国税机关按照其取得的全部价款和价外费用申请代开增值税发票。”

29. 建筑企业在异地提供不同项目建筑服务，是否需要分项目预缴税款？每月正常申报增值税时，预缴税款抵减应纳税额是否也需要分项目抵减？

答：根据《国家税务总局关于发布〈纳税人跨县（市、区）提供建筑服务增值税征收管理暂行办法〉的公告》（国家税务总局公告2016年第17号）第五条规定，纳税人跨县（市、区）提供建筑服务，纳税人应按照工程项目分别计算应预缴税款，分别预缴。

根据第八条规定，纳税人跨县（市、区）提供建筑服务，向建筑服务发生地主管国税机关预缴的增值税税款，可以在当期增值税应纳税额中抵减，抵减不完的，结转下期继续抵减。

因此，建筑企业在异地提供不同项目建筑服务，需分项目预缴税款，每月正常申报增值税时，预缴税款抵减应纳税额不需要分项目抵减。

30. 一般纳税人提供建筑服务项目，无《建筑工程施工许可证》，合同约定开工日期以政府主管部门批准为准，此类情形，是否可以政府主管部门批准开工日期作为判定老项目的依据？

答：《财政部　国家税务总局关于全面推开营业税改征增值税试点的通知》（财税〔2016〕36号）附件2《营业税改征增值税试点有关事项的规定》第一条第七项规定："建筑工程老项目，是指：（1）《建筑工程施工许可证》注明的合同开工日期在2016年4月30日前的建筑工程项目；（2）未取得《建筑工程施工许可证》的，建筑工程承包合同注明的开工日期在2016年4月30日前的建筑工程项目。"

上述所称合同注明的开工日期，是指政府主管部门批准施工日期，所以可以政府主管部门批准开工日期作为判定老项目的依据。

31. 营改增试点纳税人中其他个人提供建筑服务的增值税纳税地点如何确定？

答：根据《财政部　国家税务总局关于全面推开营业税改征增值税试点的通知》（财税〔2016〕36号）规定，其他个人提供建筑服务，应向建筑服务发生地主管税务机关申报纳税。

32. 境内某单位承接境外一项建筑工程，其中一部分工程分包给境内另一家施工单位进行施工，由境内总包方支付分包款项，全部施工地点发生在境外，该分包方是否可以享受免税优惠？

答：《国家税务总局关于发布〈营业税改征增值税跨境应

税行为增值税免税管理办法（试行）〉的公告》（国家税务总局公告 2016 年第 29 号）第二条规定：“下列跨境应税行为免征增值税：

（一）工程项目在境外的建筑服务。

工程总承包方和工程分包方为施工地点在境外的工程项目提供的建筑服务，均属于工程项目在境外的建筑服务。……”

因此，分包方可以享受增值税免税优惠。

二、金融业热点问题

1. 原汇总缴纳营业税的金融机构营改增后如何缴纳增值税？

答：《国家税务总局关于全面推开营业税改征增值税试点有关税收征收管理事项的公告》（国家税务总局公告 2016 年第 23 号）第六条规定：“（一）原以地市一级机构汇总缴纳营业税的金融机构，营改增后继续以地市一级机构汇总缴纳增值税。

同一省（自治区、直辖市、计划单列市）范围内的金融机构，经省（自治区、直辖市、计划单列市）国家税务局和财政厅（局）批准，可以由总机构汇总向总机构所在地的主管国税机关申报缴纳增值税。”

2. 金融商品转让业务是否可以开具增值税专用发票？

答：根据《财政部　国家税务总局关于全面推开营业税改征增值税试点的通知》（财税〔2016〕36 号）附件 2《营业税改征增值税试点有关事项的规定》规定，金融商品转让，不得开具增值税专用发票。

3. 营改增后，企业买卖股票应如何纳税？

答：应按“金融服务——金融商品转让”项目缴纳增值税。以卖出价扣除买入价后的余额为销售额。转让金融商品出现的正负差，按盈亏相抵后的余额为销售额。若相抵后出现负差，可结转下一纳税期与下期转让金融商品销售额相抵，但年末时仍出现负差的，不得转入下一个会计年度。

金融商品的买入价，可以选择按照加权平均法或者移动加权平均法进行核算，选择后 36 个月内不得变更。

一般纳税人适用税率为 6%，小规模纳税人适用征收率为 3%。

4. 个人买卖股票是否需要缴纳增值税？

答：不需要。根据《财政部　国家税务总局关于全面推开营业税改征增值税试点的通知》（财税〔2016〕36 号）附件 3《营业税改征增值税试点过渡政策的规定》规定，个人从事金融商品转让业务免征增值税。

5. 营改增后，贷款服务能否抵扣进项税额？

答：根据《财政部　国家税务总局关于全面推开营业税改征增值税试点的通知》（财税〔2016〕36 号）附件 1《营业税改征增值税试点实施办法》第二十七条规定，购进的旅客运输服务、贷款服务、餐饮服务、居民日常服务和娱乐服务的进项税额不得从销项税额中抵扣。

6. 转让理财产品是否属于金融商品的转让？

答：根据《财政部　国家税务总局关于全面推开营业税改征增值税试点的通知》（财税〔2016〕36 号）规定，金融商品转让，是指转让外汇、有价证券、非货物期货和其他金融商品所有权的业务活动。

其他金融商品转让包括基金、信托、理财产品等各类资产管理产品和各种金融衍生品的转让。

7. 金融企业发放贷款后，自结息日起90天内发生的应收未收利息应如何计算缴纳增值税？

答：根据《财政部　国家税务总局关于全面推开营业税改征增值税试点的通知》（财税〔2016〕36号）附件3《营业税改征增值税试点过渡政策的规定》规定，金融企业发放贷款后，自结息日起90天内发生的应收未收利息按现行规定缴纳增值税，自结息日起90天后发生的应收未收利息暂不缴纳增值税，待实际收到利息时按规定缴纳增值税。

8. 融资性售后回租按照哪个税目缴纳增值税？

答：根据《财政部　国家税务总局关于全面推开营业税改征增值税试点的通知》（财税〔2016〕36号）规定，贷款，是指将资金贷与他人使用而取得利息收入的业务活动。

各种占用、拆借资金取得的收入，包括金融商品持有期间（含到期）利息（保本收益、报酬、资金占用费、补偿金等）收入、信用卡透支利息收入、买入返售金融商品利息收入、融资融券收取的利息收入，以及融资性售后回租、押汇、罚息、票据贴现、转贷等业务取得的利息及利息性质的收入，按照贷款服务缴纳增值税。

9. 营改增后，资管产品运营过程中产生的收益是否缴纳增值税？

答：《财政部 税务总局关于资管产品增值税有关问题的通知》（财税〔2017〕56 号）规定：“对资管产品在 2018 年 1 月 1 日前运营过程中发生的增值税应税行为，未缴纳增值税的，不再缴纳；已缴纳增值税的，已纳税额从资管产品管理人以后月份的增值税应纳税额中抵减。”

10. 营改增后，资管产品运营过程中产生的收益如何缴纳增值税？

答：《财政部 税务总局关于资管产品增值税有关问题的通知》（财税〔2017〕56 号）规定：“一、资管产品管理人（以下称管理人）运营资管产品过程中发生的增值税应税行为（以下称资管产品运营业务），暂适用简易计税方法，按照 3% 的征收率缴纳增值税。”

11. 全面推开营改增试点后，哪些金融同业往来利息收入可以享受免征增值税优惠？

答：《财政部 国家税务总局关于全面推开营业税改征增值税试点的通知》（财税〔2016〕36 号）附件 3《营业税改征增值税试点过渡政策的规定》规定：“一、下列项目免征增值税

……

（二十三）金融同业往来利息收入。

1. 金融机构与人民银行所发生的资金往来业务。包括人民银行对一般金融机构贷款，以及人民银行对商业银行的再贴现等。

2. 银行联行往来业务。同一银行系统内部不同行、处之间所发生的资金账务往来业务。

3. 金融机构间的资金往来业务。是指经人民银行批准，进

入全国银行间同业拆借市场的金融机构之间通过全国统一的同业拆借网络进行的短期（一年以下含一年）无担保资金融通行为。”

12. 企业集团统借统还业务如何缴纳增值税？

答：根据《财政部　国家税务总局关于全面推开营业税改征增值税试点的通知》（财税〔2016〕36号）规定，统借统还业务中，企业集团或企业集团中的核心企业以及集团所属财务公司按不高于支付给金融机构的借款利率水平或者支付的债券票面利率水平，向企业集团或者集团内下属单位收取的利息免征增值税。

统借方向资金使用单位收取的利息，高于支付给金融机构借款利率水平或者支付的债券票面利率水平的，应全额缴纳增值税。

统借统还业务，是指：

（1）企业集团或者企业集团中的核心企业向金融机构借款或对外发行债券取得资金后，将所借资金分拨给下属单位（包括独立核算单位和非独立核算单位，下同），并向下属单位收取用于归还金融机构或债券购买方本息的业务。

（2）企业集团向金融机构借款或对外发行债券取得资金后，由集团所属财务公司与企业集团或者集团内下属单位签订统借统还贷款合同并分拨资金，并向企业集团或者集团内下属单位收取本息，再转付企业集团，由企业集团统一归还金融机构或债券购买方的业务。

13. 保险公司开办一年期以上人身保险有何税收优惠？

答：根据《财政部　国家税务总局关于全面推开营业税改

征增值税试点的通知》（财税〔2016〕36 号）规定，保险公司开办的一年期以上人身保险产品取得的保费收入免征增值税。

一年期以上人身保险，是指保险期间为一年期及以上返还本利的人寿保险、养老年金保险、其他年金保险，以及保险期间为一年期及以上的健康保险。

人寿保险，是指以人的寿命为保险标的的人身保险。

养老年金保险，是指以养老保障为目的，以被保险人生存为给付保险金条件，并按约定的时间间隔分期给付生存保险金的人身保险。养老年金保险应当同时符合下列条件：

（1）保险合同约定给付被保险人生存保险金的年龄不得小于国家规定的退休年龄。

（2）相邻两次给付的时间间隔不得超过一年。

健康保险，是指以因健康原因导致损失为给付保险金条件的人身保险。

14. 内地和香港市场投资者通过深港通买卖股票取得的收入是否缴纳增值税？

答：《财政部　国家税务总局　证监会关于深港股票市场交易互联互通机制试点有关税收政策的通知》（财税〔2016〕127 号）规定："三、关于内地和香港市场投资者通过深港通买卖股票的增值税问题

1. 对香港市场投资者（包括单位和个人）通过深港通买卖深交所上市 A 股取得的差价收入，在营改增试点期间免征增值税。

2. 对内地个人投资者通过深港通买卖香港联交所上市股票取得的差价收入，在营改增试点期间免征增值税。

3. 对内地单位投资者通过深港通买卖香港联交所上市股票

取得的差价收入，在营改增试点期间按现行政策规定征免增值税。”

15. 银行对个人提供的信贷业务是按季收取利息，收取的利息是否需要分摊到每个纳税申报属期计算缴纳增值税？

答：根据《国家税务总局关于营改增试点若干征管问题的公告》（国家税务总局公告2016年第53号）第六条规定，银行提供贷款服务按期计收利息的，结息日当日计收的全部利息收入，均应计入结息日所属期的销售额，按照现行规定计算缴纳增值税。

16. 中国邮政集团公司为金融机构代办金融保险业务取得的代理收入，是否免征增值税？

答：《财政部　国家税务总局关于部分营业税和增值税政策到期延续问题的通知》（财税〔2016〕83号）规定：“三、自2016年1月1日起，中国邮政集团公司及其所属邮政企业为金融机构代办金融保险业务取得的代理收入，在营改增试点期间免征增值税。

……

五、文到之日前，已征的按照本通知规定应予免征的营业税，予以退还；已征的应予免征的增值税，可抵减纳税人以后月份应缴纳的增值税或予以退还。”

17. 限售股在解禁后流通转让如何确定买入价？

答：根据《国家税务总局关于营改增试点若干征管问题的公告》（国家税务总局公告2016年第53号）规定，单位将其持有的限售股在解禁流通后对外转让的，按照以下规定确定买入价：

（1）上市公司实施股权分置改革时，在股票复牌之前形成的原非流通股股份，以及股票复牌首日至解禁日期间由上述股份孳生的送、转股，以该上市公司完成股权分置改革后股票复牌首日的开盘价为买入价。

（2）公司首次公开发行股票并上市形成的限售股，以及上市首日至解禁日期间由上述股份孳生的送、转股，以该上市公司股票首次公开发行（IPO）的发行价为买入价。

（3）因上市公司实施重大资产重组形成的限售股，以及股票复牌首日至解禁日期间由上述股份孳生的送、转股，以该上市公司因重大资产重组股票停牌前一交易日的收盘价为买入价。

18. 纳税人转让金融商品出现的负差，如何抵减转让金融商品销售额？

答：根据《财政部　国家税务总局关于全面推开营业税改征增值税试点的通知》（财税〔2016〕36 号）附件 2《营业税改征增值税试点有关事项的规定》第一条第三款规定，金融商品转让，按照卖出价扣除买入价后的余额为销售额。转让金融商品出现的正负差，按盈亏相抵后的余额为销售额。若相抵后出现负差，可结转下一纳税期与下期转让金融商品销售额相抵，但年末时仍出现负差的，不得转入下一个会计年度。

根据《财政部　国家税务总局关于明确金融、房地产开发、教育辅助服务等增值税政策的通知》（财税〔2016〕140 号）第五条规定，纳税人 2016 年 1—4 月转让金融商品出现的负差，可结转下一纳税期，与 2016 年 5—12 月转让金融商品销售额相抵。

根据第十八条规定，本通知除第十七条规定的政策外，其他均自 2016 年 5 月 1 日起执行。此前已征的应予免征或不征的增值税，可抵减纳税人以后月份应缴纳的增值税。

19. 证券公司、保险公司、金融租赁公司、证券基金管理公司、证券投资基金以及其他经人民银行、银监会、证监会、保监会批准成立且经营金融保险业务的机构发放贷款后，其发生的逾期应收未收利息应如何缴纳增值税？

答：根据《财政部　国家税务总局关于明确金融、房地产开发、教育辅助服务等增值税政策的通知》（财税〔2016〕140号）第三条规定，证券公司、保险公司、金融租赁公司、证券基金管理公司、证券投资基金以及其他经人民银行、银监会、证监会、保监会批准成立且经营金融保险业务的机构发放贷款后，自结息日起90天内发生的应收未收利息按现行规定缴纳增值税，自结息日起90天后发生的应收未收利息暂不缴纳增值税，待实际收到利息时按规定缴纳增值税。

20. 金融商品持有期间（含到期）取得的非保本收益是否缴纳增值税？

答：根据《财政部　国家税务总局关于明确金融、房地产开发、教育辅助服务等增值税政策的通知》（财税〔2016〕140号）第一条规定，《销售服务、无形资产、不动产注释》（财税〔2016〕36号）第一条第（五）项第1点所称“保本收益、报酬、资金占用费、补偿金”，是指合同中明确承诺到期本金可全部收回的投资收益。金融商品持有期间（含到期）取得的非保本的上述收益，不属于利息或利息性质的收入，不征收增值税。

本规定自2016年5月1日起执行，此前已征的应予免征或不征的增值税，可抵减纳税人以后月份应缴纳的增值税。

21. 自2018年1月1日起，金融机构开展贴现、转贴现业务，应如何缴纳增值税？

答：根据《财政部　税务总局关于建筑服务等营改增试点政策的通知》（财税〔2017〕58号）第五条规定，自2018年1月1日起，金融机构开展贴现、转贴现业务，以其实际持有票据期间取得的利息收入作为贷款服务销售额计算缴纳增值税。此前贴现机构已就贴现利息收入全额缴纳增值税的票据，转贴现机构转贴现利息收入继续免征增值税。

22. 发卡机构、清算机构和收单机构提供银行卡跨机构资金清算服务，应如何确定销售额？如何开具发票？

答：根据《国家税务总局关于进一步明确营改增有关征管问题的公告》（国家税务总局公告2017年第11号）第六条规定，发卡机构、清算机构和收单机构提供银行卡跨机构资金清算服务，按照以下规定执行：

（1）发卡机构以其向收单机构收取的发卡行服务费为销售额，并按照此销售额向清算机构开具增值税发票。

（2）清算机构以其向发卡机构、收单机构收取的网络服务费为销售额，并按照发卡机构支付的网络服务费向发卡机构开具增值税发票，按照收单机构支付的网络服务费向收单机构开具增值税发票。

清算机构从发卡机构取得的增值税发票上记载的发卡行服务费，一并计入清算机构的销售额，并由清算机构按照此销售额向收单机构开具增值税发票。

（3）收单机构以其向商户收取的收单服务费为销售额，并按照此销售额向商户开具增值税发票。

23. 金融机构开展贴现、转贴现业务应如何就贴现利息开具发票？

答：《国家税务总局关于跨境应税行为免税备案等增值税问题的公告》（国家税务总局公告 2017 年第 30 号）规定：“四、自 2018 年 1 月 1 日起，金融机构开展贴现、转贴现业务需要就贴现利息开具发票的，由贴现机构按照票据贴现利息全额向贴现人开具增值税普通发票，转贴现机构按照转贴现利息全额向贴现机构开具增值税普通发票。”

24. 纳税人购入基金、信托、理财产品等各类资产管理产品持有至到期取得的收益，是否按照金融商品转让缴纳增值税？

答：《财政部　国家税务总局关于明确金融、房地产开发、教育辅助服务等增值税政策的通知》（财税〔2016〕140 号）规定：“二、纳税人购入基金、信托、理财产品等各类资产管理产品持有至到期，不属于《销售服务、无形资产、不动产注释》（财税〔2016〕36 号）第一条第（五）项第 4 点所称的金融商品转让。

……

十八、本通知除第十七条规定的政策外，其他均自 2016 年 5 月 1 日起执行。此前已征的应予免征或不征的增值税，可抵减纳税人以后月份应缴纳的增值税。”

25. 纳税人提供直接收费金融服务的销售额如何确定？

答：（1）《财政部　国家税务总局关于全面推开营业税改

征增值税试点的通知》（财税〔2016〕36号）附件2《营业税改征增值税试点有关事项的规定》第一条第三款规定：“直接收费金融服务，以提供直接收费金融服务收取的手续费、佣金、酬金、管理费、服务费、经手费、开户费、过户费、结算费、转托管费等各类费用为销售额。”

（2）《财政部　国家税务总局关于全面推开营业税改征增值税试点的通知》（财税〔2016〕36号）规定：“本通知附件规定的内容，除另有规定执行时间外，自2016年5月1日起执行。”

26. 保险公司销售车辆保险代收代缴的车船税应如何开具发票？

答：《国家税务总局关于保险机构代收车船税开具增值税发票问题的公告》（国家税务总局公告2016年第51号）规定：“现对保险机构代收车船税开具增值税发票问题公告如下：

保险机构作为车船税扣缴义务人，在代收车船税并开具增值税发票时，应在增值税发票备注栏中注明代收车船税税款信息。具体包括：保险单号、税款所属期（详细至月）、代收车船税金额、滞纳金金额、金额合计等。该增值税发票可作为纳税人缴纳车船税及滞纳金的会计核算原始凭证。

本公告自2016年5月1日起施行。”

27. 现行税收政策对保险企业代个人保险代理人申请汇总代开增值税发票有何规定？

答：《国家税务总局关于个人保险代理人税收征管有关问题的公告》（国家税务总局公告2016年第45号）规定：“四、保险企业代个人保险代理人申请汇总代开增值税发票时，应向主管国税机关出具个人保险代理人的姓名、身份证号码、联系方式、付款时间、付款金额、代征税款的详细清单。

保险企业应将个人保险代理人的详细信息，作为代开增值税发票的清单，随发票入账。

五、主管国税机关为个人保险代理人汇总代开增值税发票时，应在备注栏内注明‘个人保险代理人汇总代开’字样。”

三、生活服务业热点问题

1. 生活服务具体指的是什么？

答：根据《财政部　国家税务总局关于全面推开营业税改征增值税试点的通知》（财税〔2016〕36 号）规定，生活服务是指为满足城乡居民日常生活需求提供的各类服务活动，包括文化体育服务、教育医疗服务、旅游娱乐服务、餐饮住宿服务、居民日常服务和其他生活服务。

2. 提供生活服务适用税率和征收率分别是多少？

答：一般纳税人提供生活服务适用税率为 6%；小规模纳税人适用征收率为 3%。

3. 全面营改增后，为企业提供保安服务按照什么项目缴纳增值税？

答：应按“商务辅助服务”项目缴纳增值税。根据《财政部　国家税务总局关于全面推开营业税改征增值税试点的通知》（财税〔2016〕36 号）附件 1 所附《销售服务、无形资产、不动产注释》规定，商务辅助服务，包括企业管理服务、经纪代理服务、人力资源服务、安全保护服务。其中，安全保护服务，是指提供保护人身安全和财产安全，维护社会治安等的业务活动。包括场所住宅保安、特种保安、安全系统监控以及其他安保服务。

4. 保险代理业务，属于保险服务还是属于经纪代理服务？

答：保险代理业务属于经纪代理服务。

5. 营改增后，个人出租住房增值税征收率是多少？

答：根据《财政部　国家税务总局关于全面推开营业税改征增值税试点的通知》（财税〔2016〕36号）附件2《营业税改征增值税试点有关事项的规定》规定，个人出租住房，应按照5%的征收率减按1.5%计算应纳税额。

6. 营改增后，物业管理公司，同时开展房屋租赁业务，是否可以开一张租赁发票，再开一张物业服务费发票，以区别不同税率？

答：根据《财政部　国家税务总局关于全面推开营业税改征增值税试点的通知》（财税〔2016〕36号）第三十九条规定，纳税人兼营销售货物、劳务、服务、无形资产或者不动产，适用不同税率或者征收率的，应当分别核算适用不同税率或者征收率的销售额；未分别核算的，从高适用税率。

因此，可以按照不同税率分别开具发票。不同税率可以在同一张发票上开具。

7. 全面营改增后，旅行社提供旅游服务，其中机票款是否可以在计算销售额时扣除？

答：根据《财政部　国家税务总局关于全面推开营业税改征增值税试点的通知》（财税〔2016〕36 号）附件 2《营业税改征增值税试点有关事项的规定》规定，试点纳税人提供旅游服务，可以选择以取得的全部价款和价外费用，扣除向旅游服务购买方收取并支付给其他单位或者个人的住宿费、餐饮费、交通费、签证费、门票费和支付给其他接团旅游企业的旅游费用后的余额为销售额。

选择上述办法计算销售额的试点纳税人，向旅游服务购买方收取并支付的上述费用，不得开具增值税专用发票，可以开具普通发票。

8. 一般纳税人出租房屋，是否可以选择简易征收？

答：根据《财政部　国家税务总局关于全面推开营业税改征增值税试点的通知》（财税〔2016〕36 号）规定，一般纳税人出租其 2016 年 4 月 30 日前取得的不动产，可以选择适用简易计税方法，按照 5% 的征收率计算应纳税额。

一般纳税人出租其 2016 年 5 月 1 日后取得的不动产，适用一般计税方法计税。

9. 营改增试点前的应税行为已缴纳营业税，试点后发生退款，已经缴纳的营业税是否可以退还？

答：根据《财政部　国家税务总局关于全面推开营业税改征增值税试点的通知》（财税〔2016〕36 号）规定，试点纳税人发生应税行为，在纳入营改增试点之日前已缴纳营业税，营改增试点后因发生退款减除营业额的，应当向原主管地税机关申请退还已缴纳的营业税。

10. 营改增后，其他个人出租住房应如何开具发票？

答：《国家税务总局关于营业税改征增值税委托地税局代征税款和代开增值税发票的通知》（税总函〔2016〕145 号）第二条第四款规定："增值税小规模纳税人销售其取得的不动产以及其他个人出租不动产，购买方或承租方不属于其他个人的，纳税人缴纳增值税后可以向地税局申请代开增值税专用发票。不能自开增值税普通发票的小规模纳税人销售其取得的不动产，以及其他个人出租不动产，可以向地税局申请代开增值税普通发票。地税局代开发票部门通过增值税发票管理新系统代开增值税发票，系统自动在发票上打印'代开'字样。"

11. 提供旅游服务是否可以开具专用发票？

答：《财政部　国家税务总局关于全面推开营业税改征增值税试点的通知》（财税〔2016〕36 号）附件 2《营业税改征增值税试点有关事项的规定》第一条第三款第八项规定："试点纳税人提供旅游服务，可以选择以取得的全部价款和价外费用，扣除向旅游服务购买方收取并支付给其他单位或者个人的住宿费、餐饮费、交通费、签证费、门票费和支付给其他接团旅游企业的旅游费用后的余额为销售额。

选择上述办法计算销售额的试点纳税人，向旅游服务购买方收取并支付的上述费用，不得开具增值税专用发票，可以开具普通发票。"

12. 劳务派遣公司支付给派遣人员的工资是否可以差额扣除？

答：根据《财政部　国家税务总局关于进一步明确全面推开营改增试点有关劳务派遣服务、收费公路通行费抵扣等政策的通知》（财税〔2016〕47 号）规定，一般纳税人提供劳务派遣服务，可以按照《财政部　国家税务总局关于全面推开营业税改征增值税试点的通知》（财税〔2016〕36 号）的有关规定，以取得的全部价款和价外费用为销售额，按照一般计税方法计算缴纳增值税；也可以选择差额纳税，以取得的全部价款和价外费用，扣除代用工单位支付给劳务派遣员工的工资、福利和为其办理社会保险及住房公积金后的余额为销售额，按照简易计税方法依 5% 的征收率计算缴纳增值税。

小规模纳税人提供劳务派遣服务，可以按照《财政部　国家税务总局关于全面推开营业税改征增值税试点的通知》（财税〔2016〕36 号）的有关规定，以取得的全部价款和价外费用为销售额，按照简易计税方法依 3% 的征收率计算缴纳增值税；也可以选择差额纳税，以取得的全部价款和价外费用，扣除代用工单位支付给劳务派遣员工的工资、福利和为其办理社会保险及住房公积金后的余额为销售额，按照简易计税方法依 5% 的征收率计算缴纳增值税。

选择差额纳税的纳税人，向用工单位收取用于支付给劳务派遣员工工资、福利和为其办理社会保险及住房公积金的费用，不得开具增值税专用发票，可以开具普通发票。

劳务派遣服务，是指劳务派遣公司为了满足用工单位对于各类灵活用工的需求，将员工派遣至用工单位，接受用工单位管理并为其工作的服务。

13. 一般纳税人购买的餐饮服务和住宿服务取得的进项税额是否可以进项抵扣？

答：根据《财政部　国家税务总局关于全面推开营业税改征增值税试点的通知》（财税〔2016〕36 号）第二十七条规定，

下列项目的进项税额不得从销项税额中抵扣：

（1）用于简易计税方法计税项目、免征增值税项目、集体福利或者个人消费的购进货物、加工修理修配劳务、服务、无形资产和不动产。其中涉及的固定资产、无形资产、不动产，仅指专用于上述项目的固定资产、无形资产（不包括其他权益性无形资产）、不动产。

纳税人的交际应酬消费属于个人消费。

（2）非正常损失的购进货物，以及相关的加工修理修配劳务和交通运输服务。

（3）非正常损失的在产品、产成品所耗用的购进货物（不包括固定资产）、加工修理修配劳务和交通运输服务。

（4）非正常损失的不动产，以及该不动产所耗用的购进货物、设计服务和建筑服务。

（5）非正常损失的不动产在建工程所耗用的购进货物、设计服务和建筑服务。

纳税人新建、改建、扩建、修缮、装饰不动产，均属于不动产在建工程。

（6）购进的旅客运输服务、贷款服务、餐饮服务、居民日常服务和娱乐服务。

（7）财政部和国家税务总局规定的其他情形。

因此，一般纳税人购进餐饮服务不得抵扣进项税；购进住宿服务如不属于不得抵扣范围的就可以抵扣进项税额。

14. 营改增后，以经营租赁方式转让土地使用权按什么税目缴纳增值税？

答：根据《财政部 国家税务总局关于进一步明确全面推开营改增试点有关劳务派遣服务、收费公路通行费抵扣等政策的通知》（财税〔2016〕47号）规定，纳税人以经营租赁方式将土地出租给他人使用，按照不动产经营租赁服务缴纳增值税。

纳税人转让2016年4月30日前取得的土地使用权，可以选择适用简易计税方法，以取得的全部价款和价外费用减去取得该土地使用权的原价后的余额为销售额，按照5%的征收率计算缴纳增值税。

15. 人力资源外包服务如何确定销售额？

答：根据《财政部　国家税务总局关于进一步明确全面推开营改增试点有关劳务派遣服务、收费公路通行费抵扣等政策的通知》（财税〔2016〕47号）规定，纳税人提供人力资源外包服务，按照经纪代理服务缴纳增值税，其销售额不包括受客户单位委托代为向客户单位员工发放的工资和代理缴纳的社会保险、住房公积金。向委托方收取并代为发放的工资和代理缴纳的社会保险、住房公积金，不得开具增值税专用发票，可以开具普通发票。

一般纳税人提供人力资源外包服务，可以选择适用简易计税方法，按照5%的征收率计算缴纳增值税。

16. 营改增试点纳税人提供租赁服务，采取预收款方式，2016年5月1日之前已经收款，暂未开票，合同约定5月开具发票。5月之后可否对4月的该部分应税收入开具国税增值税专用发票？

答：《国家税务总局关于进一步明确营改增有关征管问题的公告》（国家税务总局公告2017第11号）规定："七、纳税人2016年5月1日前发生的营业税涉税业务，需要补开发票的，可于2017年12月31日前开具增值税普通发票（税务总局另有规定的除外）。”

17. 医院提供医疗服务是否可以直接为企业开具增值税专用发票？

答：营改增后，医疗机构提供的医疗服务免征增值税。如果医院符合条件并选择适用免税政策，则不可以开具增值税专用发票。

18. 适用差额征收政策的增值税小规模纳税人，如何判断其是否适用小微企业免征增值税政策？

答：根据《国家税务总局关于明确营改增试点若干征管问题的公告》（国家税务总局公告 2016 年第 26 号）第三条规定，适用增值税差额征收政策的增值税小规模纳税人，以差额前的销售额确定是否可以享受 3 万元（按季纳税 9 万元）以下免征增值税政策。

19. 纳税人以长（短）租形式出租酒店式公寓并提供配套服务，应按照什么税目缴纳增值税？

答：《国家税务总局关于在境外提供建筑服务等有关问题的公告》（国家税务总局公告 2016 年第69 号）规定：“五、纳税人以长（短）租形式出租酒店式公寓并提供配套服务的，按照住宿服务缴纳增值税。”

20. 纳税人对安装运行后的电梯提供的维护保养服务，应按照什么税目缴纳增值税？

答：《国家税务总局关于进一步明确营改增有关征管问题的

公告》（国家税务总局公告2017年第11号）规定：“四、……纳税人对安装运行后的电梯提供的维护保养服务，按照‘其他现代服务’缴纳增值税。”

21. 宾馆、旅馆、旅社、度假村和其他经营性住宿场所提供会议场地及配套服务，应按照什么税目缴纳增值税？

答：《财政部　国家税务总局关于明确金融、房地产开发、教育辅助服务等增值税政策的通知》（财税〔2016〕140号）规定：“十、宾馆、旅馆、旅社、度假村和其他经营性住宿场所提供会议场地及配套服务的活动，按照‘会议展览服务’缴纳增值税。”

22. 养老机构提供的养老服务是否免征增值税？

答：《财政部　国家税务总局关于全面推开营业税改征增值税试点的通知》（财税〔2016〕36号）附件3《营业税改征增值税试点过渡政策的规定》规定：“一、下列项目免征增值税

……

（二）养老机构提供的养老服务。

养老机构，是指依照民政部《养老机构设立许可办法》（民政部令第48号）设立并依法办理登记的为老年人提供集中居住和照料服务的各类养老机构；养老服务，是指上述养老机构按照民政部《养老机构管理办法》（民政部令第49号）的规定，为收住的老年人提供的生活照料、康复护理、精神慰藉、文化娱乐等服务。”

23. 医疗机构提供的医疗服务是否免征增值税?

答:《财政部　国家税务总局关于全面推开营业税改征增值税试点的通知》(财税〔2016〕36号)附件3《营业税改征增值税试点过渡政策的规定》规定:"一、下列项目免征增值税

……

(七)医疗机构提供的医疗服务。

医疗机构,是指依据国务院《医疗机构管理条例》(国务院令第149号)及卫生部《医疗机构管理条例实施细则》(卫生部令第35号)的规定,经登记取得《医疗机构执业许可证》的机构,以及军队、武警部队各级各类医疗机构。具体包括:各级各类医院、门诊部(所)、社区卫生服务中心(站)、急救中心(站)、城乡卫生院、护理院(所)、疗养院、临床检验中心,各级政府及有关部门举办的卫生防疫站(疾病控制中心)、各种专科疾病防治站(所),各级政府举办的妇幼保健所(站)、母婴保健机构、儿童保健机构,各级政府举办的血站(血液中心)等医疗机构。

本项所称的医疗服务,是指医疗机构按照不高于地(市)级以上价格主管部门会同同级卫生主管部门及其他相关部门制定的医疗服务指导价格(包括政府指导价和按照规定由供需双方协商确定的价格等)为就医者提供《全国医疗服务价格项目规范》所列的各项服务,以及医疗机构向社会提供卫生防疫、卫生检疫的服务。"

24. 一般纳税人提供非学历教育服务,是否可以选择适用简易计税方法?

答:《财政部　国家税务总局关于进一步明确全面推开营改增试点有关再保险、不动产租赁和非学历教育等政策的通知》

（财税〔2016〕68 号）规定："三、一般纳税人提供非学历教育服务，可以选择适用简易计税方法按照 3% 征收率计算应纳税额。"

25. 境外单位通过教育部考试中心及其直属单位在境内开展考试，教育部考试中心及其直属单位应如何确定销售额？

答：《国家税务总局关于在境外提供建筑服务等有关问题的公告》（国家税务总局公告 2016 年第 69 号）规定："六、境外单位通过教育部考试中心及其直属单位在境内开展考试，教育部考试中心及其直属单位应以取得的考试费收入扣除支付给境外单位考试费后的余额为销售额，按提供'教育辅助服务'缴纳增值税；就代为收取并支付给境外单位的考试费统一扣缴增值税。教育部考试中心及其直属单位代为收取并支付给境外单位的考试费，不得开具增值税专用发票，可以开具增值税普通发票。"

26. 提供餐饮服务的纳税人销售外卖食品，应按照什么项目缴纳增值税？

答：根据《财政部　国家税务总局关于明确金融、房地产开发、教育辅助服务等增值税政策的通知》（财税〔2016〕140 号）第九条规定，2016 年 5 月 1 日起，提供餐饮服务的纳税人销售的外卖食品，按照"餐饮服务"缴纳增值税。

此前已征的应予免征或不征的增值税，可抵减纳税人以后月份应缴纳的增值税。

以上"外卖食品"，仅指该餐饮企业参与了生产、加工过程的食品。对于餐饮企业将外购的酒水、农产品等货物，未进行后续加工而直接与外卖食品一同销售的，应根据该货物的适用税率，按照兼营的有关规定计算缴纳增值税。

27. 营改增试点纳税人提供旅游服务，应如何计算销售额？其向旅游服务购买方收取并支付给其他单位的住宿费能否开具增值税专用发票？若支付的上述住宿费取得增值税专用发票，能否抵扣进项税额？

答：根据《财政部　国家税务总局关于全面推开营业税改征增值税试点的通知》（财税〔2016〕36 号）附件 2《营业税改征增值税试点有关事项的规定》第一条第三款规定，试点纳税人提供旅游服务，可以选择以取得的全部价款和价外费用，扣除向旅游服务购买方收取并支付给其他单位或者个人的住宿费、餐饮费、交通费、签证费、门票费和支付给其他接团旅游企业的旅游费用后的余额为销售额。

选择上述办法计算销售额的试点纳税人，向旅游服务购买方收取并支付的上述费用，不得开具增值税专用发票，可以开具普通发票。

试点纳税人按照规定从全部价款和价外费用中扣除的价款，应当取得符合法律、行政法规和国家税务总局规定的有效凭证。否则，不得扣除。

纳税人取得的上述凭证属于增值税扣税凭证的，其进项税额不得从销项税额中抵扣。

28. 纳税人购买酒店住宿服务向酒店索取增值税专用发票时，应提供哪些信息？

答：根据《国家税务总局关于进一步优化营改增纳税服务工作的通知》（税总发〔2016〕75 号）第十八条规定，增值税纳税人购买货物、劳务、服务、无形资产或不动产，索取增值税专用发票时，须向销售方提供购买方名称（不得为自然人）、纳税人识别号、地址电话、开户行及账号信息，不需要提供营业执照、税务登记证、组织机构代码证、开户许可证、增值税一般纳税人登记表等相关证件或其他证明材料。

29. 自2016年5月1日起，高校学生公寓和食堂收取的住宿费和餐饮费收入，是否需要缴纳增值税?

答：根据《财政部　国家税务总局关于继续执行高校学生公寓和食堂有关税收政策的通知》（财税〔2016〕82号，以下简称财税〔2016〕82号文件）第二条至第五条规定，对按照国家规定的收费标准向学生收取的高校学生公寓住宿费收入，自2016年5月1日起，在营改增试点期间免征增值税。

对高校学生食堂为高校师生提供餐饮服务取得的收入，自2016年5月1日起，在营改增试点期间免征增值税。

上述所称“高校学生公寓”，是指为高校学生提供住宿服务，按照国家规定的收费标准收取住宿费的学生公寓。

“高校学生食堂”，是指依照《学校食堂与学生集体用餐卫生管理规定》（教育部令第14号）管理的高校学生食堂。

财税〔2016〕82号文件文到之日前，已征的应予免征的增值税，可抵减纳税人以后月份应缴纳的增值税或予以退还。

30. 2016年5月1日后，提供餐饮服务的一般纳税人销售外卖食品已按17%税率计征增值税的，多申报的销项税额应如何处理?

答：根据《财政部　国家税务总局关于明确金融、房地产开发、教育辅助服务等增值税政策的通知》（财税〔2016〕140号）第九条规定，提供餐饮服务的纳税人销售的外卖食品，按照“餐饮服务”缴纳增值税。

根据《国家税务总局关于土地价款扣除时间等增值税征管问题的公告》（国家税务总局公告 2016 年第 86 号）第二条规定，财税〔2016〕140 号文件第九条至第十一条、第十四条至第十六条明确的税目适用问题，按以下方式处理：

纳税人原适用的税率高于财税〔2016〕140 号文件所明确税目对应税率的，多申报的销项税额可以抵减以后月份的销项税额；

纳税人已就相关业务向购买方开具增值税专用发票的，应将增值税专用发票收回并重新开具；无法收回的不再调整。

31. 增值税一般纳税人提供教育招生等教育辅助服务，是否可以选择简易计税方法？

答：根据《财政部　国家税务总局关于明确金融、房地产开发、教育辅助服务等增值税政策的通知》（财税〔2016〕140号）第十三条规定，一般纳税人提供教育辅助服务，可以选择简易计税方法按照 3% 征收率计算缴纳增值税。

根据《财政部　国家税务总局关于全面推开营业税改征增值税试点的通知》（财税〔2016〕36 号）附件 1 附：《销售服务、无形资产、不动产注释》第一条第七款第二项规定，教育辅助服务，包括教育测评、考试、招生等服务。

本规定自 2016 年 5 月 1 日起执行，此前已征的应予免征或不征的增值税，可抵减纳税人以后月份应缴纳的增值税。

32. 纳税人提供植物养护服务，应按什么项目缴纳增值税？

答：根据《国家税务总局关于进一步明确营改增有关征管问题的公告》（国家税务总局公告2017年第11号）第五条规定，自2017年5月1日起，纳税人提供植物养护服务，按照“其他生活服务”缴纳增值税。

此前已发生未处理的事项，按照国家税务总局2017年第11号公告规定执行。

33. 纪念馆、博物馆、文化馆、文物保护单位管理机构、美术馆、展览馆、书画院、图书馆在自己的场所提供文化体育服务，其取得的哪些收入可以免征增值税？

答：根据《财政部　国家税务总局关于全面推开营业税改征增值税试点的通知》（财税〔2016〕36号）规定，纪念馆、博物馆、文化馆、文物保护单位管理机构、美术馆、展览馆、书画院、图书馆在自己的场所提供文化体育服务取得的第一道门票收入免征增值税。

34. 纳税人在游览场所经营索道、摆渡车、电瓶车、游船等取得的收入，应按照什么税目缴纳增值税？

答：《财政部　国家税务总局关于明确金融、房地产开发、教育辅助服务等增值税政策的通知》（财税〔2016〕140号）规定：“十一、纳税人在游览场所经营索道、摆渡车、电瓶车、游船等取得的收入，按照‘文化体育服务’缴纳增值税。

……

十八、本通知除第十七条规定的政策外，其他均自2016年5月1日起执行。……”

35. 物业管理服务的纳税人，向服务接收方收取的自来水水费，是否可以采取简易计税方法计算缴纳增值税？

答：《国家税务总局关于物业管理服务中收取的自来水水费增值税问题的公告》（国家税务总局公告2016年第54号）规定：“提供物业管理服务的纳税人，向服务接受方收取的自来水水费，以扣除其对外支付的自来水水费后的余额为销售额，按照简易计税方法依3%的征收率计算缴纳增值税。

本公告自发布之日起施行，2016年5月1日以后已发生并处理的事项，不再作调整；未处理的，按本公告规定执行。”

36. 纳税人提供旅游服务，交通费发票原件交付给旅游服务购买方而无法收回的，以什么为差额扣除凭证？

答：《国家税务总局关于在境外提供建筑服务等有关问题的公告》（国家税务总局公告2016年第69号）规定：“九、纳税人提供旅游服务，将火车票、飞机票等交通费发票原件交付给旅游服务购买方而无法收回的，以交通费发票复印件作为差额扣除凭证。

……

十一、本公告自发布之日起施行，此前已发生未处理的事项，按照本公告规定执行。”

37. 全面营改增后，涉及家庭财产分割的个人无偿转让不动产、土地使用权是否需要缴纳增值税？

答：《财政部 国家税务总局关于全面推开营业税改征增值税试点的通知》（财税〔2016〕36 号）附件 3《营业税改征增值税试点过渡政策的规定》规定：“一、下列项目免征增值税

……

（三十六）涉及家庭财产分割的个人无偿转让不动产、土地使用权。

家庭财产分割，包括下列情形：离婚财产分割；无偿赠与配偶、父母、子女、祖父母、外祖父母、孙子女、外孙子女、兄弟姐妹；无偿赠与对其承担直接抚养或者赡养义务的抚养人或者赡养人；房屋产权所有人死亡，法定继承人、遗嘱继承人或者受遗赠人依法取得房屋产权。”

38. 其他个人提供不动产租赁到地税代开增值税专用发票是否需要加盖发票专用章？

答：《国家税务总局关于营业税改征增值税委托地税局代征税款和代开增值税发票的通知》（税总函〔2016〕145 号）第二条第四款规定：“增值税小规模纳税人销售其取得的不动产以及其他个人出租不动产，购买方或承租方不属于其他个人的，纳税人缴纳增值税后可以向地税局申请代开增值税专用发票。不能自开增值税普通发票的小规模纳税人销售其取得的不动产，以及其他个人出租不动产，可以向地税局申请代开增值税普通发票。地税局代开发票部门通过增值税发票管理新系统代开增值税发票，系统自动在发票上打印‘代开’字样。

……

地税局代开发票部门应在代开增值税发票的备注栏上，加盖

地税代开发票专用章。”

39. 纳税人提供武装守护押运服务，应按照什么税目缴纳增值税？

答：《财政部　国家税务总局关于明确金融、房地产开发、教育辅助服务等增值税政策的通知》（财税〔2016〕140 号）规定：“十四、纳税人提供武装守护押运服务，按照‘安全保护服务’缴纳增值税。

……

十八、本通知除第十七条规定的政策外，其他均自 2016 年 5 月 1 日起执行。……”

40. 纳税人出租不动产，租赁合同中约定免租期的，是否需要视同销售？

答：《国家税务总局关于土地价款扣除时间等增值税征管问题的公告》（国家税务总局公告 2016 年第 86 号）规定：“七、纳税人出租不动产，租赁合同中约定免租期的，不属于《营业税改征增值税试点实施办法》（财税〔2016〕36 号文件印发）第十四条规定的视同销售服务。

本公告自发布之日起施行。”

四、房地产业热点问题

1. 全面推开营改增试点后，个人销售二手房应如何缴纳增值税？

答：根据《财政部　国家税务总局关于全面推开营业税改征增值税试点的通知》（财税〔2016〕36号）附件3《营业税改征增值税试点过渡政策的规定》规定，个人将购买不足2年的住房对外销售的，按照5%的征收率全额缴纳增值税；个人将购买2年以上（含2年）的住房对外销售的，免征增值税。上述政策适用于北京市、上海市、广州市和深圳市之外的地区。

个人将购买不足2年的住房对外销售的，按照5%的征收率全额缴纳增值税；个人将购买2年以上（含2年）的非普通住房对外销售的，以销售收入减去购买住房价款后的差额按照5%的征收率缴纳增值税；个人将购买2年以上（含2年）的普通住房对外销售的，免征增值税。上述政策仅适用于北京市、上海市、广州市和深圳市。

办理免税的具体程序、购买房屋的时间、开具发票、非购买形式取得住房行为及其他相关税收管理规定，按照《国务院办公厅转发建设部等部门关于做好稳定住房价格工作意见的通知》（国办发〔2005〕26号）、《国家税务总局　财政部　建设部关于加强房地产税收管理的通知》（国税发〔2005〕89号）和

《国家税务总局关于房地产税收政策执行中几个具体问题的通知》（国税发〔2005〕172 号）的有关规定执行。

2. 一般纳税人销售自行开发的房地产项目，兼有一般计税方法计税、简易计税方法计税、免税项目，如果无法划分取得的进项税额，可以抵扣吗？

答：《国家税务总局关于发布〈房地产开发企业销售自行开发的房地产项目增值税征收管理暂行办法〉的公告》（国家税务总局公告 2016 年第 18 号）第十三条规定："一般纳税人销售自行开发的房地产项目，兼有一般计税方法计税、简易计税方法计税、免征增值税的房地产项目而无法划分不得抵扣的进项税额的，应以《建筑工程施工许可证》注明的'建设规模'为依据进行划分。

不得抵扣的进项税额 = 当期无法划分的全部进项税额 ×（简易计税、免税房地产项目建设规模 ÷ 房地产项目总建设规模）。"

3. 营改增后，一般纳税人销售自行开发的房地产项目，预缴和申报如何办理？

答：根据《国家税务总局关于发布〈房地产开发企业销售自行开发的房地产项目增值税征收管理暂行办法〉的公告》（国家税务总局公告 2016 年第 18 号）规定，一般纳税人采取预收款方式销售自行开发的房地产项目，应在取得预收款的次月纳税申报期，按照 3% 的预征率向主管国税机关预缴税款。

一般纳税人销售自行开发的房地产项目适用一般计税方法计税的，应按照增值税纳税义务发生时间，以当期销售额和 11% 的适用税率计算当期应纳税额，抵减已预缴税款后，向主管国税机关申报纳税。未抵减完的预缴税款可以结转下期继续抵减。

一般纳税人销售自行开发的房地产项目适用简易计税方法计税的，应按照增值税纳税义务发生时间，以当期销售额和5%的征收率计算当期应纳税额，抵减已预缴税款后，向主管国税机关申报纳税。未抵减完的预缴税款可以结转下期继续抵减。

4. 一般纳税人销售自行开发的房地产项目，在营改增前收取并已经申报了营业税但是没有开具发票的预收款，营改增后有什么处理办法？

答：根据《国家税务总局关于发布〈房地产开发企业销售自行开发的房地产项目增值税征收管理暂行办法〉的公告》（国家税务总局公告2016年第18号）第十七条规定，一般纳税人销售自行开发的房地产项目，其2016年4月30日前收取并已向主管地税机关申报缴纳营业税的预收款，未开具营业税发票的，可以开具增值税普通发票，不得开具增值税专用发票。

5. 如何判断房地产开发企业自行开发的项目，是否属于老项目，以开工、完工还是产权登记时间为准？

答：以开工日期为准。根据《国家税务总局关于发布〈房地产开发企业销售自行开发的房地产项目增值税征收管理暂行办法〉的公告》（国家税务总局公告2016年第18号）第八条规定，一般纳税人销售自行开发的房地产老项目，可以选择适用简易计税方法按照5%的征收率计税。一经选择简易计税方法计税的，36个月内不得变更为一般计税方法计税。

房地产老项目，是指：

（1）《建筑工程施工许可证》注明的合同开工日期在2016年4月30日前的房地产项目；

(2)《建筑工程施工许可证》未注明合同开工日期或者未取得《建筑工程施工许可证》但建筑工程承包合同注明的开工日期在2016年4月30日前的建筑工程项目。

6. 房地产企业销售不动产的适用税率?

答:根据《财政部 国家税务总局关于全面推开营业税改征增值税试点的通知》(财税〔2016〕36号)规定,提供交通运输、邮政、基础电信、建筑、不动产租赁服务,销售不动产,转让土地使用权,税率为11%。

7. 纳税人转让不动产享受差额征税,需要取得什么凭证?

答:根据《国家税务总局关于发布〈纳税人转让不动产增值税征收管理暂行办法〉的公告》(国家税务总局公告2016年第14号)第八条规定,纳税人按规定从取得的全部价款和价外费用中扣除不动产购置原价或者取得不动产时的作价的,应当取得符合法律、行政法规和国家税务总局规定的合法有效凭证。否则,不得扣除。

上述凭证是指:

(1)税务部门监制的发票。

(2)法院判决书、裁定书、调解书,以及仲裁裁决书、公证债权文书。

(3)国家税务总局规定的其他凭证。

8. 一般纳税人转让2016年4月30日之前取得的房屋是否可以选择简易计税方法?

答:《财政部 国家税务总局关于全面推开营业税改征增值

税试点的通知》（财税〔2016〕36 号）及《国家税务总局关于发布〈纳税人转让不动产增值税征收管理暂行办法〉的公告》（国家税务总局公告 2016 年第 14 号）规定：

（1）一般纳税人转让其 2016 年 4 月 30 日前取得（不含自建）的不动产，可以选择适用简易计税方法，以取得的全部价款和价外费用减去该项不动产购置原价或者取得不动产时的作价后的余额为销售额，按照 5% 的征收率计算应纳税额。纳税人应按照上述计税方法在不动产所在地预缴税款后，向机构所在地主管税务机关进行纳税申报。

（2）一般纳税人转让其 2016 年 4 月 30 日前自建的不动产，可以选择适用简易计税方法，以取得的全部价款和价外费用为销售额，按照 5% 的征收率计算应纳税额。纳税人应按照上述计税方法在不动产所在地预缴税款后，向机构所在地主管税务机关进行纳税申报。

9. 营改增后，个人销售住房还能免缴增值税吗？

答：根据《财政部　国家税务总局关于全面推开营业税改征增值税试点的通知》（财税〔2016〕36 号）规定，个人将购买不足 2 年的住房对外销售的，按照 5% 的征收率全额缴纳增值税；个人将购买 2 年以上（含 2 年）的住房对外销售的，免征增值税。上述政策适用于北京市、上海市、广州市和深圳市之外的地区。

个人将购买不足 2 年的住房对外销售的，按照 5% 的征收率全额缴纳增值税；个人将购买 2 年以上（含 2 年）的非普通住房对外销售的，以销售收入减去购买住房价款后的差额按照 5% 的征收率缴纳增值税；个人将购买 2 年以上（含 2 年）的普通住房对外销售的，免征增值税。上述政策仅适用于北京市、上海市、广州市和深圳市。

办理免税的具体程序、购买房屋的时间、开具发票、非购买形式取得住房行为及其他相关税收管理规定，按照《国务院办公厅转发建设部等部门关于做好稳定住房价格工作意见的通知》（国办发〔2005〕26号）、《国家税务总局 财政部 建设部关于加强房地产税收管理的通知》（国税发〔2005〕89号）和《国家税务总局关于房地产税收政策执行中几个具体问题的通知》（国税发〔2005〕172号）的有关规定执行。

10. 2016年5月1日以后，一般纳税人取得不动产如何抵扣进项税额？

答：根据《财政部 国家税务总局关于全面推开营业税改征增值税试点的通知》（财税〔2016〕36号）附件2《营业税改征增值税试点有关事项的规定》规定，适用一般计税方法的试点纳税人，2016年5月1日后取得并在会计制度上按固定资产核算的不动产或者2016年5月1日后取得的不动产在建工程，其进项税额应自取得之日起分2年从销项税额中抵扣，第一年抵扣比例为60%，第二年抵扣比例为40%。

取得不动产，包括以直接购买、接受捐赠、接受投资入股、自建以及抵债等各种形式取得不动产，不包括房地产开发企业自行开发的房地产项目。

融资租入的不动产以及在施工现场修建的临时建筑物、构筑物，其进项税额不适用上述分2年抵扣的规定。

11. 纳税人于2016年5月1日以后取得的不动产，适用进项税额分期抵扣时的“第二年”怎么理解？是否指自然年度？

答：不是指自然年度。根据《国家税务总局关于发布〈不动产进项税额分期抵扣暂行办法〉的公告》（国家税务总局公告2016年第15号）第四条规定，进项税额中，60%的部分于取得扣税凭证的当期从销项税额中抵扣；40%的部分为待抵扣进项税额，于取得扣税凭证的当月起第13个月从销项税额中抵扣。

12. 已经达到交房条件的房地产老项目是否可以选择简易征收？

答：根据《国家税务总局关于发布〈房地产开发企业销售自行开发的房地产项目增值税征收管理暂行办法〉的公告》（国家税务总局公告2016年第18号）第八条规定，一般纳税人销售自行开发的房地产老项目，可以选择适用简易计税方法按照5%的征收率计税。一经选择简易计税方法计税的，36个月内不得变更为一般计税方法计税。

房地产老项目，是指：

（1）《建筑工程施工许可证》注明的合同开工日期在2016年4月30日前的房地产项目；

（2）《建筑工程施工许可证》未注明合同开工日期或者未取得《建筑工程施工许可证》但建筑工程承包合同注明的开工日期在2016年4月30日前的建筑工程项目。

因此，达到交房条件的房地产老项目可以按上述规定选择适用简易计税方法。

13. 个人出售房屋是否可以代开增值税专用发票？

答：根据《国家税务总局关于营业税改征增值税委托地税局代征税款和代开增值税发票的通知》（税总函〔2016〕145号）规定，增值税小规模纳税人销售其取得的不动产，购买方不属于其他个人的，纳税人缴纳增值税后可以向地税局申请代开增值税专用发票。

14. 营改增后，小规模纳税人销售自行开发的房地产项目，预缴和申报增值税应如何操作？

答：根据《房地产开发企业销售自行开发的房地产项目增值税征收管理暂行办法》（国家税务总局公告 2016 年第 18 号）规定，房地产开发企业中的小规模纳税人采取预收款方式销售自行开发的房地产项目，应在取得预收款的次月纳税申报期或主管国税机关核定的纳税期限，按照 3% 的预征率向主管国税机关预缴税款。

小规模纳税人销售自行开发的房地产项目，按照增值税纳税义务发生时间，以当期销售额和 5% 的征收率计算当期应纳税额，抵减已预缴税款后，向主管国税机关申报纳税。未抵减完的预缴税款可以结转下期继续抵减。

15. 营改增后，个人二手房交易是否要到国税缴税和开票？

答：根据《纳税人转让不动产增值税征收管理暂行办法》（国家税务总局公告 2016 年第 14 号）第五条规定，①个体工商户应向住房所在地主管地税机关预缴税款，向机构所在地主管国税机关申报纳税；②其他个人应向住房所在地主管地税机关申报纳税。

16. 如何理解不动产租赁中“取得”的概念？

答：根据《国家税务总局关于发布〈纳税人提供不动产经营租赁服务增值税征收管理暂行办法〉的公告》（国家税务总局

公告2016年第16号）规定，取得的不动产，包括以直接购买、接受捐赠、接受投资入股、自建以及抵债等各种形式取得的不动产。

17. 出租土地使用权按什么项目缴纳增值税？

答：根据《财政部　国家税务总局关于进一步明确全面推开营改增试点有关劳务派遣服务、收费公路通行费抵扣等政策的通知》（财税〔2016〕47号）规定，纳税人以经营租赁方式将土地出租给他人使用，按照不动产经营租赁服务缴纳增值税。

18. 企业出租取得的不动产收取的预收账款怎样确定销售额？

答：应以取得的全部价款和价外费用为销售额在收到预售款的当月计算缴纳增值税。

根据《财政部　国家税务总局关于全面推开营业税改征增值税试点的通知》（财税〔2016〕36号）附件1《营业税改征增值税试点实施办法》第三十七条规定，销售额，是指纳税人发生应税行为取得的全部价款和价外费用，财政部和国家税务总局另有规定的除外。

价外费用，是指价外收取的各种性质的收费，但不包括以下项目：

（1）代为收取并符合本办法第十条规定的政府性基金或者行政事业性收费。

（2）以委托方名义开具发票代委托方收取的款项。

根据第四十五条规定，纳税人提供建筑服务、租赁服务采取预收款方式的，其纳税义务发生时间为收到预收款的当天。

19. 房地产开发企业当期允许扣除的土地价款，应如何计算？

答：（1）《国家税务总局关于发布〈房地产开发企业销售自行开发的房地产项目增值税征收管理暂行办法〉的公告》（国家税务总局公告 2016 年第 18 号）第五条规定：“当期允许扣除的土地价款按照以下公式计算：

当期允许扣除的土地价款 =（当期销售房地产项目建筑面积 ÷ 房地产项目可供销售建筑面积）×支付的土地价款

当期销售房地产项目建筑面积，是指当期进行纳税申报的增值税销售额对应的建筑面积。

房地产项目可供销售建筑面积，是指房地产项目可以出售的总建筑面积，不包括销售房地产项目时未单独作价结算的配套公共设施的建筑面积。

支付的土地价款，是指向政府、土地管理部门或受政府委托收取土地价款的单位直接支付的土地价款。”

（2）《财政部　国家税务总局关于明确金融、房地产开发、教育辅助服务等增值税政策的通知》（财税〔2016〕140 号）规定：“七、《营业税改征增值税试点有关事项的规定》（财税〔2016〕36 号）第一条第（三）项第 10 点中‘向政府部门支付的土地价款’，包括土地受让人向政府部门支付的征地和拆迁补偿费用、土地前期开发费用和土地出让收益等。

房地产开发企业中的一般纳税人销售其开发的房地产项目（选择简易计税方法的房地产老项目除外），在取得土地时向其他单位或个人支付的拆迁补偿费用也允许在计算销售额时扣除。纳税人按上述规定扣除拆迁补偿费用时，应提供拆迁协议、拆迁双方支付和取得拆迁补偿费用凭证等能够证明拆迁补偿费用真实性的材料。”

(3)《国家税务总局关于土地价款扣除时间等增值税征管问题的公告》（国家税务总局公告 2016 年第 86 号）规定：“五、‘当期销售房地产项目建筑面积’‘房地产项目可供销售建筑面积’，是指计容积率地上建筑面积，不包括地下车位建筑面积。”

20. 房地产企业受让土地后设立项目公司进行土地开发，是否可以由项目公司扣除土地价款？

答：《财政部　国家税务总局关于明确金融、房地产开发、教育辅助服务等增值税政策的通知》（财税〔2016〕140 号）规定：“八、房地产开发企业（包括多个房地产开发企业组成的联合体）受让土地向政府部门支付土地价款后，设立项目公司对该受让土地进行开发，同时符合下列条件的，可由项目公司按规定扣除房地产开发企业向政府部门支付的土地价款。

（一）房地产开发企业、项目公司、政府部门三方签订变更协议或补充合同，将土地受让人变更为项目公司；

（二）政府部门出让土地的用途、规划等条件不变的情况下，签署变更协议或补充合同时，土地价款总额不变；

（三）项目公司的全部股权由受让土地的房地产开发企业持有。”

21. 房地产开发企业以预缴税款抵减应纳税额，应以什么作为凭证？

答：《国家税务总局关于发布〈房地产开发企业销售自行开发的房地产项目增值税征收管理暂行办法〉的公告》（国家税务总局公告 2016 年第 18 号）第二十七规定：“房地产开发企业以预缴税款抵减应纳税额，应以完税凭证作为合法有效凭证。”

22. 房地产开发企业出租其自行开发的与机构所在地不在同一县（市）的房地产项目，应如何缴纳增值税？

答：根据《财政部　国家税务总局关于进一步明确全面推开营改增试点有关再保险、不动产租赁和非学历教育等政策的通知》（财税〔2016〕68 号）第二条规定，房地产开发企业中的一般纳税人，出租自行开发的房地产老项目，可以选择适用简易计税方法，按照 5% 的征收率计算应纳税额。纳税人出租自行开发的房地产老项目与其机构所在地不在同一县（市）的，应按照上述计税方法在不动产所在地预缴税款后，向机构所在地主管税务机关进行纳税申报。

房地产开发企业中的一般纳税人，出租其 2016 年 5 月 1 日后自行开发的与机构所在地不在同一县（市）的房地产项目，应按照 3% 预征率在不动产所在地预缴税款后，向机构所在地主管税务机关进行纳税申报。

房地产开发企业中的小规模纳税人，出租自行开发的房地产项目，按照 5% 的征收率计算应纳税额。纳税人出租自行开发的房地产项目与其机构所在地不在同一县（市）的，应按照上述计税方法在不动产所在地预缴税款后，向机构所在地主管税务机关进行纳税申报。

23. 房地产开发企业中的一般纳税人销售其自行开发的房地产项目，取得土地时向其他单位或个人支付的拆迁补偿费用，应如何计算销售额？

答：根据《财政部　国家税务总局关于明确金融、房地产开发、教育辅助服务等增值税政策的通知》（财税〔2016〕140 号）第七条规定，房地产开发企业中的一般纳税人销售其开发的房地产项目（选择简易计税方法的房地产老项目除外），在取得土地时向其他单位或个人支付的拆迁补偿费用也允许在计算销售额时扣除。纳税人按上述规定扣除拆迁补偿费用时，应提供拆迁协议、拆迁双方支付和取得拆迁补偿费用凭证等能够证明拆迁补偿费用真实性的材料。

24. 房地产企业差额扣除的扣除凭证有哪些？

答：（1）《国家税务总局关于发布〈房地产开发企业销售自行开发的房地产项目增值税征收管理暂行办法〉的公告》（国家税务总局公告 2016 年第 18 号）规定："房地产开发企业中的一般纳税人（以下简称一般纳税人）销售自行开发的房地产项目，适用一般计税方法计税，按照取得的全部价款和价外费用，扣除当期销售房地产项目对应的土地价款后的余额计算销售额。

……

在计算销售额时从全部价款和价外费用中扣除土地价款，应当取得省级以上（含省级）财政部门监（印）制的财政票据。"

（2）《财政部　国家税务总局关于明确金融、房地产开发、教育辅助服务等增值税政策的通知》（财税〔2016〕140 号）规定："《营业税改征增值税试点有关事项的规定》（财税〔2016〕36 号）第一条第（三）项第 10 点中'向政府部门支付的土地价款'，包括土地受让人向政府部门支付的征地和拆迁补偿费用、土地前期开发费用和土地出让收益等。

房地产开发企业中的一般纳税人销售其开发的房地产项目（选择简易计税方法的房地产老项目除外），在取得土地时向其他单位或个人支付的拆迁补偿费用也允许在计算销售额时扣除。纳税人按上述规定扣除拆迁补偿费用时，应提供拆迁协议、拆迁双方支付和取得拆迁补偿费用凭证等能够证明拆迁补偿费用真实性的材料。”

25. 营改增后，房地产企业收到预收款应如何开票？

答：《国家税务总局关于营改增试点若干征管问题的公告》（国家税务总局公告2016年第53号）第九条第十一款规定：“增加6‘未发生销售行为的不征税项目’，用于纳税人收取款项但未发生销售货物、应税劳务、服务、无形资产或不动产的情形。

‘未发生销售行为的不征税项目’下设……602‘销售自行开发的房地产项目预收款’……使用‘未发生销售行为的不征税项目’编码，发票税率栏应填写‘不征税’，不得开具增值税专用发票。”

26. 2016年5月1日前发生的营业税涉税业务，5月1日以后需要补开发票的，可以开具什么发票？

答：《国家税务总局关于进一步明确营改增有关征管问题的公告》（国家税务总局公告2017第11号）规定：“七、纳税人2016年5月1日前发生的营业税涉税业务，需要补开发票的，可于2017年12月31日前开具增值税普通发票（税务总局另有规定的除外）。”